BEI GRIN MACHT SICH IHR WISSEN BEZAHLT

- Wir veröffentlichen Ihre Hausarbeit,
  Bachelor- und Masterarbeit

- Ihr eigenes eBook und Buch -
  weltweit in allen wichtigen Shops

- Verdienen Sie an jedem Verkauf

Jetzt bei www.GRIN.com hochladen
und kostenlos publizieren

Sabine Leon

Eine kurze Einführung in die Gesprächstherapie

GRIN Verlag

Bibliografische Information der Deutschen Nationalbibliothek:

Die Deutsche Bibliothek verzeichnet diese Publikation in der Deutschen National-
bibliografie; detaillierte bibliografische Daten sind im Internet über http://dnb.d-
nb.de/ abrufbar.

Impressum:

Copyright © 2006 GRIN Verlag GmbH
Druck und Bindung: Books on Demand GmbH, Norderstedt Germany
ISBN: 978-3-640-33044-7

Dieses Buch bei GRIN:

http://www.grin.com/de/e-book/54110/eine-kurze-einfuehrung-in-die-gespraechs-
therapie

Referat: „Gesprächstherapie"

Schriftliche Ausarbeitung _____

Seminar: Beratung, Supervision und Coaching

_____

Semester: WS 2005/06

Studentin: Sabine Leon, 9. Sem.

Studiengang: Sozialpädagogik (D)

_____

Sabine Leon

Inhaltsverzeichnis

1. Einführung: Was ist Gesprächstherapie?

Die Gesprächstherapie ist ein im deutschen Sprachgebrauch mehrdeutig verwendeter Begriff. Umgangssprachlich betrachtet ist eine Form der Psychotherapie gemeint, bei der das Gespräch im Vordergrund steht oder es handelt sich um die sogenannte *Gesprächspsychotherapie*, die auch *Klientenzentrierte Psychotherapie* genannt wird (vgl. www.wikipedia.de). Bei dieser Form steht das Gespräch nicht nur als entlastendes „Forum" des Klienten im Vordergrund, sondern vielmehr der Versuch des Therapeuten, eine an der Lebenswelt des Klienten orientierte umfassende Hilfestellung zu leisten.

Die *Gesprächspsychotherapie* ist eines der ältesten therapeutischen Verfahren der humanistischen Psychologie und wurde vom Psychologen Carl R. Rogers Ende der ´30er Jahren entwickelt (vgl. Stimmer, S. 277). Ursprünglich nannte er seine psychotherapeutische Methode *Nicht-direktive Psychotherapie*, später *Klientenzentrierte Psychotherapie*, und heute sprechen manche von *Personzentrierter Psychotherapie*.

In Deutschland spricht man meist von *Gesprächspsychotherapie*, wenn das heilkundliche Behandlungsverfahren gemeint ist. Diesen Namen hat der Hamburger Psychologie-Professor Reinhard Tausch eingeführt. Verschiedene Namen sind zwar einerseits lästig und auch verwirrend, zugleich aber erzählen sie bereits etwas über die Geschichte des Verfahrens und über die dahinter liegende Idee.

Die Gesprächstherapie macht den Klienten vom Objekt zum Subjekt therapeutischer Bemühungen, indem sie ihm die Fähigkeit zuschreibt, seine Probleme selbst lösen zu können und den Therapeuten als sog. „Geburtshelfer" für die Selbstheilungskräfte des Individuums ansieht.

Hierbei ist die Hauptstrategie die Schaffung einer helfenden Beziehung - eines „sozialen Klimas", in dem sich der Therapeut emphatisch, wertschätzend und kongruent seinem Klienten gegenüber verhält (vgl. Stimmer, S. 277).

Die Gesprächstherapie ist rein verbal orientiert und begann als Einzeltherapie, bevor sie auch gruppentherapeutisch eingesetzt wurde (vgl. Stimmer, S.277). In der Sozialen Arbeit gewann sie großen internationalen Einfluss.

2. Gründungsvater Carl Rogers

 Er wurde am 08. Januar 1902 in Oak Park, Illinois als Sohn eines Farmers geboren. Er wuchs in einer sehr religiös geprägten familiären Atmosphäre auf. Neben der Religiosität beeinflusste der Farmerberuf des Vaters seinen Werdegang. Zuerst begann er ein Studium der Agrarwissenschaften, was er vorzeitig abbrach.

Danach begann er, Theologie zu studieren, aber auch dieses Studium brach er frühzeitig ab und widmete sich fortan der Erziehungsberatung und der klinischen Psychologie (vgl. www.psy.uni-muenster.de).

Seinen Abschluss erreichte er 1931 nach seinem Studium am „Teachers College" der Columbia University. Hier lernte er das Spannungsfeld zwischen Subjektivität und klinischer Objektivität kennen.

Mit anderen Mitarbeitern gründete er 1968 das humanistische „Center for Studies of the Person" mit dem Ziel, Kranke als Menschen und nicht nur als Objekte zu behandeln. Und das mit Erfolg, auch in Fachkreisen: Rogers wurde Präsident der American „Psychological Association" und bekam mehrere Auszeichnungen (vgl. www.psy.uni-muenster.de).

Ein besonderes Anliegen Rogers' waren gute gegenseitige Beziehungen zwischen Eltern und ihren Kindern, und stabile, vertrauensvolle Beziehungen zwischen Ehepartnern, die auch an Konflikten weiter wachsen können. das nach Verwirklichung strebt und grundlegend entwicklungsfähig ist (vgl. www.wikipedia.de).

Rogers war nicht nur selbst gefragter Psychotherapeut, sondern gründete und erlebte viele „Encounter-Gruppen" (Begegnungsgruppen), schrieb motivierende Bücher, hielt Vorträge und vieles mehr. Zu Rogers' bekanntesten Nachfolgern im deutschsprachigen Raum zählen u.a. Peter F. Schmid und Friedemann Schulz von Thun (vgl. www.wikipedia.de).

Carl Rogers starb 1987; seine Theorie ist heute allgemein anerkannt und lebt in vielen Projekten und Verbänden weiter.

3. Rogers´ Menschenbild und Persönlichkeitstheorie

Die *Gesprächspsychotherapie* nach Rogers hat sich aus der *Phänomenologischen Persönlichkeitstheorie* entwickelt. Beim phänomenologischen Ansatz ist das Menschenbild im wesentlichen positiv; der Mensch strebt nach Selbstverwirklichung, Reife und Sozialisation. (vgl. www.psy.uni-muenster.de)

Man unterscheidet zwischen objektiver und subjektiver Realität, wobei die einzig wichtige Realität diejenige ist, die vom Subjekt wahrgenommen wird.

Die Wahrnehmung gilt grundlegend als interpretierbarer Akt, durch die das Individuum die Welt auf einzigartige Weise erlebt. Diesen Prozess nennt man das Wahrnehmungsfeld. Es beinhaltet bewusste und unbewusste, symbolische und nicht symbolische Wahrnehmungen (vgl. www.psy.uni-muenster.de).

Rogers, einer der bekanntesten Phänomenologen seiner Zeit, entwickelte die erste umfassende Alternativtheorie zu Freuds Psychoanalyse. Seine Theorie baut auf zwei Grundannahmen auf: a) das Verhalten des Menschen wird durch *Selbstaktualisierungstendenz* bestimmt und b) der Mensch hat das Bedürfnis nach positiver Anerkennung.

Die *Selbstaktualisierungstendenz* hat biologische und psychologische Komponenten, sie sorgt für physischen und psychischen Wachstum. Die *Selbstaktualisierungstendenz* beinhaltet die Tendenz des Organismus, sich von einer einfachen Struktur zu einer differenzierten hin zu entwickeln. Ziel des Menschen ist es, von Abhängigkeit nach Unabhängigkeit zu streben (vgl. www.psy.uni-muenster.de).

Das *Selbst* (oder *Selbst-Bild*) ist das organisierte, über Zeit und Situation konsistente und ganzheitliche Bild, dass ein Mensch von sich hat. Wenn das *Selbst* durch verschiedene Aspekte in Konflikt gerät, müssen diese wieder vereinigt werden, indem sie verschiedenen Bereichen der Persönlichkeit zugeordnet werden.

Rogers unterteilt das *Selbst* in zwei Bereiche auf: das *wirkliche Selbst* und das *ideale Selbst*. Je größer die Diskrepanz zwischen *wirklichem Selbst* und *idealem Selbst* ist, desto unzufriedener ist der Mensch und desto eher treten psychische Krankheiten auf (vgl. www.psy.uni-muenster.de).

Rogers vertritt die Auffassung, dass positive Anerkennung wichtig ist für die gesunde Entwicklung des *Selbst-Bild*; das Grundbedürfnis nach positiver Anerkennung ist ein Bedürfnis nach Wärme, Respekt, Sympathie und Annahme und ist vergleichbar mit dem Bedürfnis des Kindes nach Liebe und Zuneigung.

4. Idee der Gesprächstherapie

Die Gesprächstherapie soll dem Klienten helfen, sich über seine Gefühle klar zu werden. Dadurch soll ihm geholfen werden, sein Selbstbild neu zu organisieren. Erfahrungen, die zuvor verleugnet oder verzerrt wurden, können nun widerspruchsfreier integriert werden. Dadurch gibt es weniger bedrohliche Erfahrungen, die Abwehrhaltungen werden schwächer, und der Klient fühlt zunehmend mehr Selbstwertschätzung (vgl. www.psy.uni-muenster.de).

Die Therapie-Idee dabei ist folgende: der Mensch strebt von Natur aus nach Unabhängigkeit, Selbstverantwortlichkeit und Selbstverwirklichung. Die Therapie muss nur noch günstige Rahmenbedingungen dafür schaffen, das heißt ein angemessenes „Setting" bieten und einen neutralen Sozialraum schaffen. Dazu zählen unter anderem eine warme, angenehme und emotionale Atmosphäre (vgl. www.psy.uni-muenster.de).

Weiterhin sollte der Therapeut dem Klienten das Gefühl geben, dass er ihn als Mensch schätzt, und zwar ohne daran geknüpfte Bedingungen. Dadurch wird dem Klienten das Gefühl gegeben, sich nicht verteidigen zu müssen. Der Therapeut sollte versuchen, die Welt mit den Augen des Klienten sehen (= *klientenzentriert*) und darf ihn nicht in eine bestimmte Richtung drängen (= *nicht-direktiv*).

Er soll keine direkten Vorgaben machen, sondern unterstützend helfen, seinen eigenen Weg zu finden. Wenn diese Rahmenbedingungen erfüllt sind, sollte der Therapieprozess im Idealfall von selbst ins Rollen kommen.

5. Therapievoraussetzungen und -ziele

5.1 Therapievoraussetzungen

Eine weitere wichtige Voraussetzung für positiven Therapieverlauf ist vor allem die innere Bereitschaft des Klienten. Die Motivationshaltung des Klienten sollte auf Freiwilligkeit basieren und er sollte einen Wunsch nach Veränderung haben, der aus ihm selbst heraus entspringt.

Ein geschütztes „Setting" und ein neutraler Sozialraum wirken sich erfahrungsgemäß ebenfalls positiv auf die Therapiesituation aus. Sympathie zwischen Therapeut und Klient und eine empathische Grundhaltung des Therapeuten sind weitere wichtige Voraussetzungen.

5.2 Therapieziele

In der Gesprächstherapie nach Rogers ist der Klient der „Auftraggeber" des Therapeuten. Die Zielsetzung wird demzufolge nach Möglichkeit vom Klienten bestimmt (Änderungswünsche). Die Ziele sind jedoch außerdem abhängig von der vorliegenden Symptomatik, den realisierbaren therapeutisch-technischen Möglichkeiten, dem Gewissen und der Ausbildung des Therapeuten (vgl. www.psy.uni-muenster.de).

Der Prozess der Zielrealisierung („integrierte Persönlichkeit") wird nach Rogers durch die *Selbstverwirklichungstendenz* des Klienten angetrieben. In diesem Prozess können sich die ursprünglichen Ziele auch weiterentwickeln oder verändern (vgl. www.psy.uni-muenster.de).

Laut Rogers unterstützt der Therapeut den Prozess nur dann optimal, wenn er sich seiner eigenen Zielvorstellungen für den Klienten „entledigt". Der Therapeut sollte alle Handlungen unterlassen, die den Klienten in direktiver Weise beeinflussen könnten.

Kernaussage: die Zielsetzung in der Gesprächstherapie bezieht sich auf die Veränderung des innerpsychischen Erlebens des Klienten. Verhaltensänderungen, Symptombeseitigung oder Änderung der leidensproduzierenden Umgebung sind für den Therapieprozess selbst nicht von Interesse (vgl. www.psy.uni-muenster.de).

6. Therapeutenverhalten und Therapiesituation

6.1 Therapeutenverhalten

Es sollte eine nicht angsteinflößende Situation hergestellt werden, in der sich der Klient verstanden und als ganze Person akzeptiert fühlt. Das Verhalten des Klienten unterliegt keinen Wertvorstellungen seitens des Therapeuten.

Zwischen dem Klient und dem Therapeut geschieht ein verbaler Austausch, der sich auf das Hier und Jetzt bezieht. Alle Gefühle und das individuelle Verhalten des Klienten werden ausnahmslos akzeptiert. Der Therapeut muss (u.a.) bestimmte Grundeinstellungen und Verhaltensweisen aufweisen, um erfolgreich therapieren zu können:

- Nicht wertendes, einfühlendes Verstehen (*Empathie*)

Der Therapeut hört sich aufmerksam die vom Klienten geäußerten Erfahrungen und Gefühle an. Er bemüht sich, zu verstehen, wie der Klient sich und seine Welt sieht und reflektiert dies dem Klienten in seinen eigenen Worten.

- Bedingungslose Wertschätzung und emotionale Wärme

Der Klient wird vom Therapeuten akzeptiert und als Individuum mit eigenem Wert geschätzt. Dies ist unabhängig von den Erfahrungen und Gefühlen, die der Klient berichtet. Der Klient wird nicht kritisiert, sein Verhalten und Erleben nicht abgewertet oder verbessert. Dem Klienten wird uneingeschränkte Wertschätzung entgegengebracht.

- Echtheit, *Kongruenz*

Das Verhalten des Therapeuten wird von seinem unmittelbarem Erleben und Erfahren bestimmt. Sein Erleben, Fühlen und Denken bilden neben seiner Ausbildung als professioneller Helfer seine Handlungskompetenz und -grundlage. Er sollte sich möglichst nicht überheblich zeigen oder wertend äußern.

6.2 Therapiesituation

Es sollte versucht werden, der Person eine entspannte, einfühlende und akzeptierende Atmosphäre zu bieten. Idealfall: der Therapeut und der Klient sitzen sich in einem ruhigen Raum gegenüber.

Die Gespräche finden regelmäßig statt; dass heißt ein Minimum von einmal pro Woche sollte möglichst nicht unterschritten werden. Bei Bedarf können auch mehrere Termine pro Woche stattfinden. Die Dauer der einzelnen Sitzungen sollte ca. 50-60 Minuten betragen und im Wesentlichen nicht überschritten werden (vgl. www.psy.uni-muenster.de).

Der Klient bestimmt, worüber er sprechen möchte. Er spricht über seine Probleme, wie er sie erlebt und welche Erfahrungen er mit ihnen macht.

Der Therapeut hat lediglich die Aufgabe, die „Selbstöffnung" und „Selbstauseinandersetzung" des Klienten zu fördern. Dies kann der Therapeut durch verschiedene Verfahren bzw. Interventionsmethoden erreichen.

7. Konkrete Verfahren der Gesprächstherapie

Eine Auswahl bestimmter Verfahren soll im Folgenden vorgestellt werden:

- *Klientenzentrierte Psychotherapie, Personenzentrierte Psychotherapie*

Die Person, die Hilfe benötigt (der Klient), steht im Mittelpunkt der Therapie. Das Verfahren ist die erste große Alternative zur Psychoanalyse. Es behandelt klienteneigene Probleme, Gefühle, Wahrnehmungen, Gewohnheiten und Ziele, wobei der Therapeut soviel wie möglich aus der Sichtweise des Klienten zu erfahren versucht (-> sog. „Lebenswelt-orientierung"). Es werden Konditionen erarbeitet, in denen der Klient befähigt wird, Veränderungen zu ermöglichen oder mit seinen Problemen umzugehen.

Weitere konkrete Verfahren sind die Erlebnisaktivierung und die Selbstexploration.

- Erlebnisaktivierung

Der Klient soll lernen, seine eigenen Gefühle besser wahrzunehmen, Erfahrungen nicht mehr verleugnen zu müssen und ein neugestaltetes *Selbst* aufzubauen.

Damit wird es ihm möglich, wieder zu „Erleben"; das heißt Erfahrungen zu suchen und Gefühle und Bedürfnisse zu spüren. Die Inhalte können vielfältig sein; - es bleibt dem Klienten überlassen, welche Inhalte er auswählt.

- Selbstexploration (Selbstbefragung)

Der Klient soll sich zum Selbstverständnis seinem inneren Erleben zuwenden um besser mit seinen Problemen umgehen zu lernen. Durch eine höhere Selbstwahrnehmung sollen die Gefühle besser reflektiert werden können. Unterstützt wird dies durch das einfühlende Verständnis, der Echtheit und der emotionalen Wärme des Therapeuten.

8. Grenzen der Gesprächstherapie

Die *nicht-direktive* Vorgehensweise kann bei fremdbestimmten Klienten zu mangelndem Therapieerfolg führen, da sie nicht die Fähigkeit und Motivation mitbringen, sich selbstbestimmt mit ihren Schwierigkeiten auseinander zu setzen und Anleitung und Struktur vom Therapeuten brauchen oder erwarten.

Das Spannungsfeld zwischen Therapeut und Klient kann sich auch dahingehend entwickeln, dass der Therapeut sein eigenes Weltbild auf den Patienten überträgt und dessen Persönlichkeit sozusagen „auslöscht" bzw. maßgeblich beeinflusst.

Des weiteren könnte zuviel Empathie seitens des Therapeuten bewirken, dass der Helfer seine professionelle Distanz verliert und dann nicht mehr dazu in der Lage wäre, den Klienten optimal während seiner Therapie begleiten zu können, da der Helfer zunehmend „befangener" wird.

Eine Abgrenzung zu anderen Therapieformen ist nicht immer eindeutig erkennbar, da bei jeder Form der psychosozialen bzw. (psycho-)therapeutischen Intervention die Sprache als zentrales Kommunikationsmittel zunächst im Vordergrund steht.

Ein weiterer Schwachpunkt ist die geringe Hilfestellung bei konkreten Schwierigkeiten. Hat jemand eine konkrete Angst vor Etwas, wie zum Beispiel vor Spinnen oder großer Höhe, ist es oft wirkungsvoller, diese Probleme direkt anzugehen, etwa durch langsame Gewöhnung an die angstauslösenden Situationen bzw. der direkten Konfrontation unter entsprechender fachlicher Aufsicht. Dies wäre eine wirkungsvolle, auf die entsprechenden Probleme der Person eingehende, aktive Hilfe der Konfliktbewältigung.

In der Gesprächstherapie wird die Auseinandersetzung mit dem eigenen *Selbst* nicht zwangsläufig in Bezug zu Systemen gesetzt, in die der Klient involviert ist. Der Klient verändert sich oder seine Einstellung erfahrungsgemäß im Laufe der Therapie; das Umfeld bzw. die Umwelt aber zwangsläufig nicht immer. Dies könnte zur Folge haben, dass neue Konfliktpotenziale entstehen.

Eine weitere Schwachstelle der Gesprächstherapie besteht im Bereich des zwischenmenschlichen Verhaltens. Hier sind Veränderungen, die erwünscht sind, mitunter auch abhängig davon, ob die Person eher schüchtern, still oder gar zurückgezogen oder eher kommunikativ und kontaktfreudig ist – sowohl im Therapiegespräch, als auch in seinem tagtäglichen Umfeld.

9. Schlussbetrachtungen

„Ich habe kein euphorisches Bild von der menschlichen Natur. Ich weiß, dass Individuen aus Abwehr und innerer Angst sich unglaublich grausam, destruktiv, unreif, regressiv, asozial und schädlich verhalten können. Es ist dennoch einer der erfrischendsten und belebendsten Aspekte meiner Erfahrung, mit solchen Individuen zu arbeiten und die starken positiven Richtungsneigungen zu entdecken, die sich auf den tiefsten Ebenen bei ihnen wie bei uns allen finden." (Zitat C. Rogers, 1973, aus: Pervin, S.196)

Die Theorie von Carl Rogers bietet einige Angriffspunkte. Zum Beispiel berücksichtigt Rogers nur unzureichend, dass die Definition von Normen und Werten nicht zu trennen ist von gesellschaftlichen Verhältnissen. Die *Selbstverwirklichungstendenz* als treibende Kraft wird sich z.B. bei sozial schlecht gestellten Personen anders ausdrücken als bei wohlhabenden Personen, die sich nicht um ihre Grundbedürfnisse sorgen müssen.

Maslow, ein anderer humanistischer Psychologe, bewertet den Wunsch nach Selbstverwirklichung nicht wie Rogers als Antriebskraft oder Motivationsquelle, sondern als höchstes Ziel menschlichen Strebens, das nur dann erreicht werden kann, wenn Basisbedürfnisse erfüllt sind.

Zentraler und ausschlaggebender Punkt, sich trotzdem auf Carl Rogers zu beziehen, ist das Menschenbild, welches er in seiner Theorie „zeichnet". Rogers sieht den Menschen <u>nicht</u> als triebgesteuerten Organismus, der keinen Sinn im Leben hat außer Bedürfnisbefriedigung. Für ihn ist der Mensch ein Individuum, das grundlegend entwicklungsfähig ist und Selbstverwirklichung nicht nur als Ziel sieht, sondern auch als Weg.

10. Quellennachweise

Internet:

www.psy.uni-muenster.de: Internetprojekt zum Thema „Therapie" von Prof. Dr. Rainer Bromme und Studierenden des SS 1998, Institut für Psychologie der Westfälischen Wilhelms-Universität Münster

www.wikipedia.de: -> Artikel: Gesprächstherapie; Bild von Carl Rogers

Literaturverzeichnis:

Groddeck, Norbert: „Carl Rogers - Wegbereiter der modernen Psychotherapie", Primus Verlag, Darmstadt 2002, 213 Seiten

Pervin, L. A.: „Persönlichkeitstheorien", Reinhardt Verlag, München 1993, 3. Auflage, 620 Seiten

Rogers, Carl R.: „Entwicklung der Persönlichkeit: Psychotherapie aus der Sicht eines Therapeuten" (aus dem amerikan. übers. von Jacqueline Giere), Klett-Cotta, Stuttgart 2000, 13. Auflage, 409 Seiten

Rogers, Carl R.: „Therapeut und Klient – Grundlagen der Gesprächspsychotherapie", Fischer Taschenbuch Verlag, Frankfurt am Main 2004, 18. Auflage, 235 Seiten

Stimmer, Franz (Hrsg.): „Lexikon der Sozialpädagogik und der Sozialarbeit", R. Oldenbourg Verlag München Wien, Oldenbourg 2000, 4. Auflage, 813 Seiten